Lahante (de)
Henri
INVENTAIRE
43472
INVENTAIRE
43472
AF320944

CATALOGUE

DE TABLEAUX

DU PREMIER ORDRE

ET DES TROIS ÉCOLES.

CATALOGUE

DE TABLEAUX

DU PREMIER ORDRE

ET DES TROIS ÉCOLES,

Réunis par M. DE LAHANTE, dans la Galerie LEBRUN,
rue du Gros-Chenet, n°. 4.

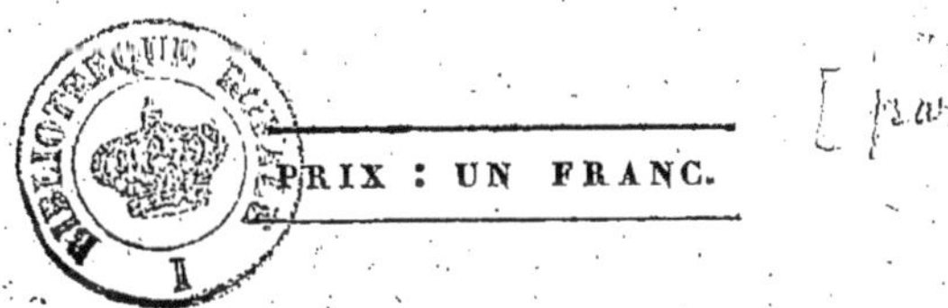

[par Henry]

PRIX : UN FRANC.

SE VEND

Chez MM. { DE LAHANTE, rue du Gros-Chenet, n°. 4.
{ HENRY, boulevard Poissonnière, n°. 20.

A PARIS,

DE L'IMPRIMERIE DE BALLARD, IMPRIMEUR DU ROI,
rue J.-J. Rousseau, n°. 8.

1819.

AVERTISSEMENT DU PROPRIÉTAIRE.

———

Eɴ m'occupant de la réunion de tableaux qui décorent aujourd'hui la belle galerie que le public connaît sous le nom de Galerie Lebrun, réunion que j'ai dessein d'exposer aux yeux des connaisseurs, des artistes et de toutes les personnes envers lesquelles la bienséance me commandera des égards, j'ai constamment songé qu'il n'y a qu'un moyen d'acquérir la confiance des amateurs, d'exciter le sentiment des arts dans l'ame des riches, et de rendre au commerce de la curiosité une partie de sa splendeur passée; c'est d'apporter dans ce beau commerce la qualité qui fait la base principale de tous les autres, la probité.

D'après ce principe dont on ne me verra jamais dévier, persuadé d'ailleurs que l'infaillibilité des lumières n'a point été donnée à l'homme, et que les illusions de l'intérêt peuvent l'éblouir, j'ai senti que je ne devais point me rendre juge dans ma propre cause, c'est-à-dire m'en rapporter à mes seules connaissances touchant la dénomination de chacun de mes tableaux italiens, quoique j'en connusse l'origine et la filiation. En conséquence, j'ai d'abord appelé à mon aide le rédacteur de ce catalogue, M. Henry, Commissaire-Expert du Musée Royal. On sait généralement que parmi les commerçans qui ont fait des spéculations en objets d'arts, il est un de ceux qui ont le plus long-tems et le plus assiduement allié les méditations de l'étude au véritable esprit du négoce, que ses voyages à l'étranger l'ont familiarisé avec les diverses écoles de peinture, et qu'enfin il n'est point étranger aux arts.

Toutefois, d'après ses propres observations fondées sur des motifs qui m'ont paru sans réplique, je ne m'en suis point tenu à l'accord de ses opinions avec les miennes, j'ai encore voulu, pour que ma garantie fût irrécusable aux yeux de tous, que les décisions de M. Henry et les miennes fussent sanctionnées par des connaisseurs dont le nom fût à l'abri de toute idée de complaisance, et le savoir, propre à faire autorité.

Dans cette vue, j'ai osé solliciter les avis de M. le Comte de Forbin, Directeur général des Musées royaux, et l'un des meilleurs peintres de notre école. Son obligeance est infinie quand les arts ont besoin de son appui. Il a visité ma galerie et m'en a témoigué sa satisfaction par une lettre si flatteuse, qu'on me permettra de céder au désir de la transcrire ici :

« J'ai vu avec une sorte d'enchantement votre collection de tableaux, et je vous confesse que tout m'y a paru d'une beauté et d'une authenticité frappantes. Les amateurs, j'aime à le croire, reconnaîtront les efforts que vous avez faits pour augmenter leurs jouissances, et les artistes ne pourront que vous savoir gré de la vue de beaucoup de morceaux qui m'ont semblé propres à les inspirer ».

M. le Vicomte de Senonnes, Secrétaire général de la Direction des Musées royaux, a de même applaudi à mon choix, ainsi qu'à l'évidence des noms d'auteur donnés à tous mes tableaux.

Le même jugement en a été porté par M. le Chevalier Bonnemaison, Directeur de la restauration des tableaux du Musée, et par M. Pérignon, également attaché au Musée, en qualité de Commissaire-Expert.

S'il fallait ajouter quelque chose à une garantie de cette espèce, j'aurais encore à citer, parmi les nombreux admirateurs de ma galerie, les noms célèbres des Gérard, des Guerin, des Gros, des Lefebvre, et de beaucoup d'autres artistes, qui ont cette finesse de tact, cet acquis de connaissances, ce profond sentiment de leur art, qui les met au dessus des préventions, des caprices de la mode et du prestige même des grands noms.

Après cet exposé sincère des précautions dont j'ai fait usage pour m'assurer de la vérité, on me permettra sans doute de prier les amateurs de ne pas confondre la collection de tableaux dont je leur offre la vue, avec beaucoup d'autres qui soutiendraient difficilement un examen aussi rigoureux que celui auquel je l'ai soumise.

Cette collection est à vendre à l'amiable, en totalité ou en partie.

PRÉFACE.

Vingt années de mouvemens révolutionnaires ont fait crou-
ler, si l'on peut le dire, toutes les galeries, tous les cabinets
de tableaux qu'on admirait autrefois dans Paris. De quelques
débris de ces superbes amas de richesses pittoresques s'étaient
reformées plusieurs collections nouvelles, où l'on avait admis
ce que diverses récoltes faites en pays étranger avaient produit de mieux ; mais ces collections, à peine formées, ont
disparu à leur tour, comme s'il était dans la destinée de la
France de se voir prochainement dépouillée des objets les plus
propres à entretenir sa suprématie dans les beaux-arts. L'école
d'Italie, si nous en exceptons l'immense quantité de tableaux
insignifians qu'on décore souvent des plus beaux noms, cette
école si belle, si mal appréciée, a surtout éprouvé des pertes
irréparables, et très-peu s'en faut qu'elle n'ait tout-à-fait disparu de nos cabinets. Le goût même de ses productions, in-
clinant à se perdre, se serait vraisemblablement éteint chez
nous, si la fréquentation du Musée royal ne l'eût entretenu
dans quelques ames douées du plus pur sentiment des arts, de
l'amour du vrai beau.

Certaines gens pourraient nous dire que dans le siècle dernier, l'école d'Italie avait beaucoup moins de partisans que les
écoles de Hollande, de Flandres et de France. Sur ce point on
ne nous apprendrait rien que nous ne sachions déjà, et notre
réponse serait que tout a son commencement. Les meilleures
doctrines en toutes choses n'ont pas existé les premières. Si l'on
n'eût aimé alors que les tableaux flamands et hollandais, on au-
rait à donner pour raison de cette préférence que leur mérite,
agissant directement sur la vue, est à-peu-près senti par tout
le monde, ce qu'on ne peut dire des tableaux italiens; mais
le goût des amateurs s'étendait aussi sur l'école française,
et les ouvrages des Watteau, des Raoux, des Lemoine, des
Santerre, des Vanloo, des Boucher, etc., n'étaient ni moins
admirés, ni moins chèrement payés que les productions des

bons peintres flamands et hollandais : c'est ce que prouvent les citations que nous allons faire.

A la vente des tableaux de Madame de Pompadour, deux Boucher montèrent par la voie des enchères à 9800 fr. ; à celle du cabinet de Monseigneur le Prince de Conti, un Lemoine fut vendu 7000 fr., et un Carle Vanloo 7225 fr.; un Raoux fut vendu 6000 fr., chez M. de Boisset; et chez M. de Gagny, un Santerre 12,400 fr., et un Watteau 6505 fr.

Dans ce dernier siècle, on admettait encore dans les plus belles collections, et l'on payait jusqu'à 3000 fr , les Breughel, les Paul Bril, les Bréenberg, les Van Uden, les J. Miel, et beaucoup d'autres maîtres flamands et hollandais, qui, chez nous, sont aujourd'hui comme frappés de réprobation, ainsi que tous les peintres français que nous venons de nommer; réprobation qui n'est pas exempte d'injustice.

Pourquoi donc dans ce siècle si facile, l'école d'Italie ne trouvait-elle que peu d'amateurs? C'est parce qu'on n'avait sur les ouvrages des maîtres qui l'ont illustrée que des notions fort imparfaites, et que l'amour-propre, non sans raison, redoutait les copies. Dans ce tems les meilleurs connaisseurs marchaient à tâtons, ou ne s'appuyaient guères que sur des données incertaines; les moyens d'étude manquaient en général, et le peu de tableaux bien avérés, qui auraient pu servir de modèles, de points de comparaison, étaient rares, épars çà et là, et renfermés dans des lieux d'un accès plus ou moins difficile. La collection des tableaux du Roi, la galerie du Palais-Royal, étaient des espèces de sanctuaires fermés au commun des hommes et à la plupart des curieux qui, par goût ou par état, auraient eu besoin de les visiter souvent pour s'y livrer à ces examens réitérés, à ces fréquentes inspections, sans lesquels on ne peut arriver à la connaissance du faire et du style de chaque peintre, quelque doué que l'on soit de l'heureuse faculté d'apprendre. Telle fut autrefois la cause qui dut nécessairement intimider l'amateur devant les tableaux italiens; car lorsqu'on était bien assuré de leur originalité, on en donnait un grand prix. A la vente de Monseigneur le Prince de

Conti, on vit surenchérir jusqu'à la somme de 36,001 fr. un tableau de Pierre de Cortone, et jusqu'à 16,000 fr. un Guide et un Pesarèse, petits tableaux qui sont maintenant au Musée, ainsi que le Cortone; un Salvator, à la vente de Jullienne, fut porté à 12,012 fr., et un Paul Veronèse, à celle du Duc de Tallard, 15,101 francs. On pourrait citer beaucoup d'autres exemples de ce genre qui montrent le cas que faisaient des tableaux italiens les personnes qui, cédant à leur propre goût plus qu'à celui du siècle, les recevaient dans leurs collections.

Peut-être serait-ce ici le cas de combattre l'opinion trop généralement reçue, que ces tableaux ont été et peuvent être copiés de manière à tromper les plus fins connaisseurs: mais une discussion de cette nature nous jetterait fort loin au delà des bornes dans lesquelles nous sommes obligés de nous renfermer; nous nous contenterons d'observer que chaque maître, aussi bien en Italie qu'ailleurs, ayant eu un maniement de brosse, une conduite de pinceau et quelques autres particularités entièrement à lui, comme en matière d'écriture chaque homme a son caractère particulier, les méprises dont on a si souvent parlé dans l'histoire de l'art, n'ont du provenir, les unes que du manque d'acquis dans ce genre de connaissances, les autres que du défaut d'attention. Si Jules Romain eût considéré avec réflexion la copie faite par André Del Sarte, d'après un tableau de Raphael, où lui Jules Romain avait travaillé, il est difficile de croire qu'il eût commis la méprise que nous raconte Vasari. Que Jules Romain, à l'inspection de l'ensemble du tableau, n'ait pas senti la fraude, cela est croyable ; mais qu'après un examen sérieux il se soit trompé, c'est ce qui ne l'est pas. Au surplus, on erre encore chaque jour sur les tableaux flamands et hollandais; ces erreurs empêchent-elles de croire qu'on ne puisse découvrir la vérité? Un œil pénétrant et exercé la suit dans ses détours infinis et la reconnaît sous quelque forme qu'elle lui apparaisse.

En rappelant l'attention des amateurs sur l'école d'Italie, en cherchant à les reconcilier avec ses nobles productions, nous sommes loin de penser qu'il faille s'y attacher exclusivement, et lui sacrifier les écoles de Flandres et de Hollande. Toutes ont leur mérite particulier, toutes ont droit à nos suffrages. L'école d'Italie, regardée comme la sœur aînée des autres, possède la grâce qui charme, la majesté qui en impose, l'expression qui émeut, et se disntingue encore par le choix des formes ainsi que par l'élévation des pensées. Ses sœurs cadettes, simples et naïves comme la nature, en sont des imitations parfaites; et cette perfection, quoi qu'en dise Mengs, est, par rapport à l'art, une véritable beauté.

Ces différences d'écoles, remarquables dans la galerie de M. de la Hante, y produisent de piquantes oppositions et une agréable variété. C'est l'union du grave et de l'aimable. Parmi les tableaux italiens, les uns, tels que le Leonard, le Pérugin, les deux Dolci, n°ᵒˢ. 12 et 13, sont des modèles de grâce et de candeur; les autres, tels que le Jules Romain, l'André del Sarte, les Guerchin, n°ᵒˢ. 20 et 21, les trois Salvator, le Gaspre, n°. 18, ont tous un grand caractère, quoiqu'ils diffèrent singulièrement entr'eux. On les admire sous les rapports de l'invention, du goût, de la pensée et de l'expression ; dans les Salvator et les Guerchin, on remarque encore une prodigieuse liberté de pinceau. Parmi les tableaux flamands, le Backhuisen, le Paul Potter, le Dujardin, le Cuyp, sont la nature prise sur le fait, et des chefs - d'œuvre d'exécution. Le Vander Heyden est encore une image frappant de la nature; dans les Metzu régne une grande entente de clair obscur ; les Teniers unissent l'esprit de la touche à la richesse de la composition. Pour le Pauditz, il joint aux belles parties de l'art qui l'élèvent au rang des meilleurs ouvrages de Rembrandt, l'avantage assez singulier d'être le seul qui soit connu dans toute la France.

M. de la Hante a joint aux tableaux qui décorent sa galerie, une copie en Bronze du Laocoon et plusieurs meubles d'une rare magnificence, les uns exécutés par Boule, d'autres par Riesner. Le groupe du Laocoon, savamment réparé, a le mérite d'avoir été fondu d'après un modèle coulé dans un creux qui a été fait sur l'original même.

CATALOGUE

DE TABLEAUX

DU PREMIER ORDRE

DES TROIS ÉCOLES.

ÉCOLE D'ITALIE.

ALBANE (Francesco Albani, dit l').

1 — La Cène. Toile, hauteur 48 pouces, largeur 66 pouces.

Jésus, à table avec ses apôtres, leur dit avec l'accent de la douleur: *un de ceux qui mangent avec moi doit me trahir.* A ces mots qui les frappent de surprise et les jettent dans une vive agitation, on les voit, ou se tourner l'un vers l'autre à dessein de découvrir celui d'entr'eux qui doit commettre ce crime atroce, ou s'adresser à Jésus pour lui demander: *Est-ce moi, Sei-*

gneur, qui dois vous trahir. Pendant ce tems le disciple bien aimé repose affectueusement sur la poitrine de son divin maître. Judas, mettant la main au plat en même tems que Jésus, se fait aisément reconnaître par sa farouche expression.

Les personnages de cet admirable tableau, quoiqu'en grand nombre, quoique égaux de condition, ayant à peu-près les mêmes habitudes, et se liant tous ensemble à l'action par un sentiment qui leur est commun, montrent néanmoins, dans la vive part qu'ils prennent à l'affligeante révélation de leur maître, une variété d'expression qui, propre au caractère particulier de chacun d'eux, marque distinctement le genre et le degré de leur sensibilité personnelle. L'Albane, supérieur à lui-même, on peut le dire, et l'égal des plus grands maîtres dans la partie de son tableau qui tient au génie, s'y montre aussi l'émule d'Annibal Carrache dans la partie pratique de son art On ne peut manier le pinceau avec plus d'énergie et de fierté.

2 — Le Triomphe de Galathée. Toile, hauteur 42 pouces, largeur 58 pouces.

Polyphème, debout au pied d'un rocher, contemple Galathée qui se promène en triomphe sur la surface des flots. La belle nymphe, assise sur une large conque, est accompagée de deux amours portés par des dauphins, et de trois néréides, dont deux tiennent les bouts d'une écharpe que soulève le vent. Un des dauphins, attaché avec un double cordon,

(3)

devance la nacelle et obéit à la main de Galathée. Au
dessus d'elle voltigent trois amours qui sèment des
fleurs sur son passage. Son triomphe est un sujet d'a-
légresse pour les habitans de l'humide empire ; et,
tandis que deux tritons le célèbrent avec leurs trompes,
plusieurs nymphes jouent sur les eaux avec d'autres
dieux marins.

On voyait autrefois cette agréable peinture dans le
palais Colonna, à Rome. C'est une de celles où l'Albane a développé son caractère pittoresque, ce caractère aimable qui est à lui seul ; tout y respire l'enjoue-
ment ; ces tritons nageant sur l'onde sont l'agilité
même ; ces nymphes qui s'ébattent avec eux sont légères
comme l'air ; la belle Galathée par ses charmes en-
chante et désespère le malheureux Polyphème.

ANDRÉ DEL SARTE (Andrea Vannuchi, dit).

5 — Portrait de Baccio Bandinelli, peintre, sculp-
teur et architecte florentin. Bois, haut. 54 p., larg. 41.

Nous voyons ici Baccio Bandinelli représenté en
pied et de grandeur naturelle. Ce célèbre artiste, nu-
tête, décoré d'une chaîne d'or, et vêtu d'une espèce
de soutanelle noire à collet tombant, est assis les cuisses
croisées l'une sur l'autre, en face au spectateur. De
la main droite il fait remarquer un dessin qu'il tient
de la gauche, et ce dessin, fait à la sanguine et rappelant le grand caractère des ouvrages de Michel-
Ange, dont Baccio Bandinelli fut imitateur, nous

offre Abel qui vient d'être terrassé d'un coup de massue par le féroce Caïn.

Des colonnes qui ornent le fond du tableau, des fragmens de sculpture posés à terre, nous font souvenir, ainsi que le dessin que tient Bandinelli, des trois arts dans lesquels ce grand homme s'est illustré.

Ce précieux ouvrage était ci-devant à Capo di Monte. Vasari qui le cite dans ses Vies des peintres (*Vite de più eccellenti pittori*), dit à cette occasion que Baccio Bandinelli, désirant prendre des leçons de coloris, et ne connaissant personne qui pût lui en donner de meilleures qu'André del Sarto, se fit peindre par lui d'une manière très-ressemblante. (*Venne in quel tempo desiderio a Baccio Bandinelli, allora disegnatore molto stimato, d'imparare a colorire a olio; onde conoscendo che niuno in fiorenza ciò meglio sapea fare d'esso Andrea, gli fece fare un ritratto di se, che somoglio molto etc.*). En effet, André se montre ici avec les talens qui distinguent les grands coloristes. Autant ses teintes locales sont vraies et savamment unies entre elles, autant elles nous présentent de vigueur et de magie dans leur ensemble. On remarque encore, dans ce portrait, un grand goût de dessin joint à un maniement de pinceau facile et enchanteur.

BAROCHE (Frederigo Barocci ou Fiori, dit).

4 — Saint François en extase. Toile, hauteur   largeur

(5)

Le saint, accompagné d'un autre religieux, lève
les yeux au ciel, et reçoit les stygmates au moment
même qu'il est frappé de la vue d'un chérubin ailé.

BONIFAZIO, *le vénitien.*

5 — La Sainte Famille accompagnée de la Madeleine. Toile, haut. 49 p., larg. 64.

La Vierge, assise dans un paysage, tient l'enfant
Jésus sur ses genoux. A sa gauche, Saint Joseph,
le corps un peu penché, et s'appuyant sur son bâton,
regarde attentivement la Madeleine qui est à genoux
du côté opposé. La pécheresse, caractérisée par un
vase à parfums qui est près d'elle, exprime sa vénération pour le fils de Marie, et semble vouloir le
prendre dans ses bras.

Bonifazio est généralement regardé comme un des
premiers coloristes de l'École venitienne. Ce tableau-ci,
qui vient du palais Pezera, soutient cette grande réputation. On y trouve, avec le coloris de Palme et du
Titien, un dessin svelte et grandiose, un bon goût
d'ajustement.

BORDONE (Paris).

6 — Portraits. Toile, haut. 25 p., larg. 30.

Ce tableau provient du palais Colonna, et se re-
commande par une grande vérité de coloris. Il représente un noble vénitien avec ses deux fils, âgés
d'environ neuf à dix ans. Tous trois sont vêtus de

noir, et portent le collet de la chemise rabattu sur l'habit. Un livre fermé, que tient un de ces enfans, peut faire croire qu'ils récitent une leçon devant leur père. On remarque, à gauche dans le haut du tableau, les armoiries du principal personnage, et à droite, son âge, avec la date de 1529.

CARRACHE (Annibale Carracci, dit le).

7 — Scène pastorale. Toile, haut. 27 p. 6 lignes, haut. 42.

Un berger, assis à l'ombre d'un bouquet d'arbres touffus, goûte la douceur de s'entretenir sans témoins avec sa bergère. Celle-ci lui présente une flûte dont sans doute elle l'invite à jouer. Non loin d'eux sont rassemblées en groupe plusieurs vaches qui font partie de leurs troupeaux. On voit ailleurs un toit de chaume, près duquel est un villageois tirant de l'eau d'un puits. Les figures sont accessoires au paysage.

Un tableau, dont le sujet est pris dans la vie pastorale, exigeait la simplicité naïve d'une églogue. A. Carrache ne pouvait que sentir cette convenance et l'observer. Son paysage, quoiqu'exécuté d'une grande manière, n'offre rien que de simple, rien qui ne retrace le calme de la vie champêtre. Ses figures, vêtues à l'antique, sont l'image des passions douces, et nous rappellent les heureux bergers de la vallée de Tempé.

8 — Paysage. Haut. 27. p. et demi, larg. 42 p.
Point de vue d'un paysage aride et couvert de mon-

tagnes. On y remarque, vers le second plan, deux habitations champêtres avoisinées d'un château, et dans le lointain, une forteresse bâtie sur la croupe d'un mont très-escarpé. A l'avant-scène se présentent deux chasseurs, l'un occupé à charger son fusil, l'autre ayant un chien à côté de lui, et couchant en joue deux grues qu'il surprend dans le creux d'un ravin.

Un style tout particulier, des teintes d'une grande fraîcheur, du piquant dans l'effet général; tels sont les principaux caractères de ce tableau, quant à l'aspect sous lequel il frappe les regards; quant à son exécution, on y admire un pinceau ferme, nourri, plein de facilité.

Ces deux paysages sortent du palais Strozzi, où ils étaient singulièrement renommés.

CORRÈGE (Antonio Allegri, dit le).

9 — Portrait d'homme, figure à mi-corps. Toile, haut. 26 p., larg. 19.

Suivant la tradition, nous voyons dans ce portrait le médecin du Corrège. Il est représenté à mi-corps, la tête de trois quarts, s'appuyant du coude droit sur un tapis, et tenant un livre des deux mains. Une toque carrée couvre sa tête; le reste de son ajustement se compose d'une robe noire sans manches, et d'un pourpoint violâtre, garni de manchettes plissées. Une barbe noire, un sourcil épais et abaissé, lui donnent un air sévère, et, quoique son regard soit dirigé sur le spectateur, toute sa figure n'en exprime pas moins une grande tension d'esprit.

Tout ce qu'on a écrit touchant la singulière beauté des ouvrages du Corrège pourrait s'appliquer, mot pour mot, à ce merveilleux portrait. Outre qu'il semble vivre et penser, il étonne encore par la vérité et l'apparente mollesse des chairs, par un relief, une magie, une douceur de contours, une fonte et une union de couleurs, qu'on croirait être le produit d'un seul jet, plutôt que le résultat d'un long travail; ce qui a fait dire à Lanzi, toujours judicieux dans ses remarques, que tel est l'effet des tableaux du Corrège qu'ils semblent vus à travers une glace

Ce bel ouvrage a fait partie des richesses pittoresques de Capo di Monte. Il est dit, dans une des notes ajoutées à l'ouvrage de Vasari (édition de 1762), qu'un très-beau portrait, appelé le médecin du Corrège, passa autrefois de la galerie de Modène dans celle de Dresde. En effet, on lit dans le Catalogue des peintures qui existent dans cette dernière ville, un article ainsi conçu : « *Portrait du médecin du Corrège, posant une main sur un livre, et tenant de l'autre ses gants* ». Mais, comme on le voit, ce portrait diffère singulièrement, dans la pose, de celui qui nous occupe; il est aussi moins historié, et moins expressif, autant qu'on en peut juger par une mauvaise gravure; du reste, la coiffure et les traits du visage sont les mêmes dans les deux tableaux, et celui de Dresde ne donne que plus de relief au nôtre.

Le médecin du Corrège était aussi son ami et se

nommait, à ce qu'il paraît, Grilenzone (Francesco).
Un autre Grilenzone (Giovanni), qui peut-être était
de la même famille, a rendu ce nom fameux dans la
bibliothèque modénaise de Girolamo Tiraboschi.

PIETRE DE CORTONE (Pietro da Cortona, dit)

10 — La conversion de Saint Paul. Toile, haut. 45 p.,
larg. 58.

Paul, étant sur le chemin de Damas où il allait se
saisir de tous les chrétiens, fut frappé d'un éclat de
lumière qui le renversa : en même tems il entendit
une voix qui lui dit : *Paul, Paul, pourquoi me
persécutez-vous ?* Tel est le sujet représenté dans ce
tableau.

Une éclatante lumière s'échappe d'un tourbillon de
nuages et frappe d'épouvante tous les soldats de Paul ;
lui, renversé de son cheval, étendu par terre, trem-
blant et levant les yeux au ciel, interroge la voix qu'il
vient d'entendre, et s'écrie : *Seigneur ! qui êtes-vous,
que voulez-vous que je fasse ?*
Le Cortone a mis dans cette riche composition
beaucoup de mouvement et un bel arrangement de
groupes. Son tableau est d'ailleurs remarquable par
des effets bien entendus, et par une grande liberté
de pinceau.

11 — Antoine et Cléopâtre. Toile, haut. 45 p. larg.
58. p.

Le lieu de la scène est un portique. On y voit Cléopâtré assise sur un trône élevé ; devant elle, au pied du trône, paraît Antoine ayant la tête découverte, et suivi d'un nombreux cortége. Le geste du triumvir fait sentir l'importance du discours qu'il adresse à la souveraine d'Égypte ; peut-être est-ce le moment où il lui annonce qu'il la fait reine de Chypre et de Cœlésyrie. Trois ministres ou grands seigneurs de la cour de Cléopâtre se tiennent près de son trône. D'autres personnages sont en dehors du portique, dans une cour entourée de magnifiques palais.

Ce tableau sert de pendant à celui qui précède, et tous deux ont fait partie de ceux qui, par le passé, décoraient le palais Falconieri

DOLCI (Carlo).

12 — La Vierge Marie, demi-figure. Toile, haut. 18 p., larg. 14.

Marie, la tête et les épaules couvertes d'un manteau bleu, s'humilie devant l'envoyé du Très-Haut, et lui répond, les mains jointes et les yeux baissés : *Je suis la servante du Seigneur ; qu'il me soit fait selon votre parole.* Avec quelle sérénité d'ame, avec quelle grâce ingénue, Marie prononce ces mots et montre son obéissance envers le Seigneur ! Que de modestie et d'humilité dans ses traits, ainsi que dans son maintien !

Cette peinture a le double mérite de parler au cœur et aux yeux, par la vérité, la grâce, le charme infini, que l'art y a répandus. Le rang qu'elle a occupé dans la galerie royale de Sardaigne, marque celui qu'elle

devrait avoir désormais; les chefs-d'œuvre dans tous
les genres, soit comme sources d'instruction, soit
comme type des talens de leurs auteurs, ou comme
monumens de leur gloire, nous semblent avoir droit
à une place dans les Musées.

13 — L'Ange Gabriel, demi-figure. Toile, haut.
18 pouces 6 lignes, largeur 14.

L'Ange Gabriel, les yeux baissés et les mains croisées
sur la poitrine, est supposé saluer Marie, et lui annoncer qu'elle deviendra mère par la seule toute-
puissance du Seigneur.

Sur une tunique brodée en or, le brillant messager
de Dieu porte un autre vêtement bleu, sans manches,
et sur lequel on remarque, à l'endroit de la poitrine,
une espèce d'agraffe enrichie de perles et de diamans.

La posture de Gabriel est celle de la vénération et
du respect; la candeur siége sur son front, sa physio-
nomie est véritablement céleste. Cette belle figure sert
de pendant au tableau de Marie, et sort également de
la galerie du roi de Sardaigne.

14 — Le Christ au roseau, buste de proportion
naturelle. Toile, haut. 18 pouc. 6 lig., largeur 14 pouc.

Abreuvé d'humiliations, couronné d'épines, le corps
à moitié nu et couvert des marques sanglantes d'un
infamant supplice, Jésus éprouve intérieurement tout
ce que son état a de pénible, et conserve en même
tems le grand caractère qu'il tient de sa divine essence :

la douleur altère visiblement ses traits, mais elle n'en efface ni l'extrême bonté, ni la sublime résignation.

Entre les peintres italiens, le Dolci est un des plus parfaits imitateurs de la nature : aucun n'eut une exécution aussi belle, aussi admirable que la sienne; aucun ne sut mêler autant de candeur aux affections qui émanent de la piété. Dans les deux figures de Gabriel et de Marie dont nous venons de parler, les carnations sont d'une fraîcheur et d'une vérité inexprimables. On pourrait dire, à leur égard, ce que Jules Romain disait à propos des figures du Corrège : *Ce n'est point de la peinture, mais de la chair.*

Une remarque que nous croyons devoir communiquer à nos lecteurs, c'est qu'en considérant ce tableau avec soin, on y découvre que l'auteur s'est servi d'or délayé, pour toucher la partie éclairée de plusieurs mèches de cheveux. Ce procédé avait sans doute pour but de rendre ces lumières plus nettes, plus brillantes, et d'autant plus durables, que l'or ne peut être absorbé par ce que les peintres nomment les dessous, c'est-à-dire par les couleurs sur lesquelles il est appliqué.

DOMINIQUIN (Dominico Zampieri, dit le).

15 — La Création de l'Homme. Toile, hauteur 23 pouces, largeur 26 pouces.

L'Éternel, debout près d'Adam qu'il vient de créer, le bénit, et lui donne une entière autorité sur tout ce qui respire. Le père des humains, encore gisant sur là terre qui a servi à le former, se soulève de la main droite, porte la gauche sur sa poitrine, et contemple avec reconnaissance son Créateur.

Ce sujet, quoique rendu d'une manière extrêmement simple, se ressent néanmoins du bon raisonnement que le Dominiquin a montré dans toutes ses productions. Adam semble ignorer encore ses forces; on sent à son action qu'il se meut et voit pour la première fois, et cependant la reconnaissance est déjà dans son cœur. L'Éternel, noble, grave, assuré dans sa pose, montre bien qu'il opère sans agir, et par le seul effet de sa volonté.

FRANCIA (Francesco Raibolini, dit).

16 — La Sainte Famille. Bois, haut. 23 pouces 6 lignes, largeur 17 pouces,

La Vierge Marie, ayant son époux à sa gauche, soutient l'enfant Jésus qui est debout devant elle, sur une pierre taillée en forme d'entablement. Le fils de Marie porte ses regards au dehors du tableau, et semble, en levant la main droite, vouloir bénir le spectateur. On n'aperçoit que la tête de saint Joseph. La Vierge est vue à mi-corps, et porte une robe rouge sous un manteau bleu.

Ce tableau, avant de sortir d'Italie, était dans le palais Colonna. Sa conservation est parfaite, et sa fraîcheur si grande, qu'on dirait qu'il vient d'être peint. On peut d'ailleurs lui appliquer cette remarque de

Lanzi : *Les ouvrages de Francia se ressentent de ceux du Pérugin et de Jean Bellin ; des premiers, par le choix et la couleur ; des derniers, par l'ampleur des draperies et la rondeur des contours.* Telle était, du vivant de Francia, l'immense considération dont il jouissait dans sa patrie, qu'il n'y était pas seulement regardé comme un habile homme, mais encore comme un dieu, selon l'expression de Vasari. Ce fut à lui que Raphaël adressa, à Bologne, sa fameuse sainte Cécile pour la faire mettre en place, en le priant, avec une modestie sans exemple, de corriger les défauts qu'il y apercevrait.

GAROFOLO (Benvenuto Tisio, dit).

17 — Le Frappement du Rocher. Toile, haut. 49 pouces, largeur 36.

Moïse frappe le rocher d'Horeb du bout de sa baguette, et en fait couler un ruisseau où accourt une foule de Juifs des deux sexes et d'âges différens. Déjà deux d'entre eux, un vieillard et une vieille femme, satisfont avidement à la soif qui les dévore. Trois autres ont des vases dans lesquels ils puisent, ou sont près de puiser de l'eau. Au milieu d'eux, et sur le bord du ruisseau, un homme, ayant un genou en terre, se tourne avec sollicitude vers une femme enceinte, dont l'état de langueur marque un pressant besoin. L'action de cet homme occupe l'attention de deux autres femmes, qui en paraissent touchées. Derrière ce beau groupe se présentent encore cinq à six autres personnages entre lesquels on remarque une jeune et belle fille portant une cruche sur sa tête. Un troupeau de brebis s'approche du ruisseau; plus loin, d'autres troupeaux sont errans dans un vallon, où l'on aperçoit beaucoup de Juifs parmi des tentes qu'ils ont dressées.

Entre les ouvrages de Garofolo, que nous avons eu occasion de voir, celui-ci nous paraît mériter une des premières places, tant à cause de sa richesse et de ses grandes dimensions, que parce qu'il est du meilleur tems et de la plus belle manière de son auteur. On retrouve Raphaël dans plusieurs têtes de femmes qui sont pleines de grâces et de naïveté. Le grandiose de quelques figures d'hommes fait ressouvenir de Michel-Ange. Pour le paysage, on sait que Garofolo était, de son tems, un des peintres qui montraient le plus de talent dans cette partie de leur art.

GASPRE (Gasparo Dughet, dit le).

18 — Paysage. Toile, haut. 44 pouc., larg. 61.

D'antiques arbres et des masses de rochers couverts d'arbustes, occupent, à droite, une partie des devans de ce tableau. A gauche sont d'autres arbres, au delà desquels la vue parcourt une campagne profonde, ornée de quelques fabriques, baignée par un fleuve, et terminée par d'arides montagnes. Un limpide ruisseau, descendant par cascades le long des rochers, coule sur le premier plan, et y répand une fraîcheur que se plaisent à goûter la déesse des bois et trois ou quatre de ses nymphes. Plus loin on aperçoit deux autres nymphes parcourant la campagne.

Ce magnifique paysage provient de la galerie Falconieri; la couleur en est sévère, le site imposant et sauvage. A son aspect on se rappelle ces chênes altiers, ces épais feuillages, ces forêts sombres, ces bois sacrés, qui, selon les poëtes, inspirent la mélancolie et quelquefois une sorte de respect; ces lieux tranquiles et solitaires où les faunes poursuivaient les bacchantes, où Diane et les nymphes de sa suite se dérobaient aux regards des profanes chasseurs.

Les figures sont de la main de Piètre de Cortone.

19 — Paysage. Toile, haut. 21 pouces 6 lignes, largeur 27.

Ce paysage représente un site des Alpes. A gauche une échappée de vue laisse apercevoir un lac, quelques côteaux et des montagnes lointaines qui vont se perdre à l'horizon. Presque au milieu, et vers le second plan, s'élève une grande masse de rochers tapissée çà et là de verdure, et couronnée d'arbres mêlés à des fabriques. A la base de ces rochers, coule une rivière qui reçoit l'eau d'un torrent qui se precipite de leur sommet. Sur le devant, dans un chemin bordé de broussailles, et montant le long d'un côteau, sont représentés un homme assis et une femme menant un enfant par la main.

Ce paysage partage avec tous ceux de l'auteur ce grand style, ce mérite de composition qui ont élevé le Gaspre au rang des meilleurs paysagistes de tous les pays.

GUERCHIN (Gio Francesco Barbieri, dit le).

20 — **La Charité humaine.** Toile, haut. 3o pouc., largeur 46.

Ce beau sujet est représenté par une jeune femme vue à mi-corps, le coude appuyé sur un coussin, et les genoux chargés de trois petits enfans entre lesquels elle partage sa tendresse et ses soins. L'aîné, assis et exprimant par ses larmes quelque déplaisir, tient un des doigts de la main droite de cette bonne mère. Le second, qui est debout, et qu'elle soutient de la main gauche en le regardant avec bonté, lui demande par un geste et un sourire mêlé d'un peu de tristesse, la place du troisième auquel elle donne le sein.

Ce n'est point une exagération : on se sent ému en considérant cette peinture avec toute l'attention qu'elle mérite. La bonne mère que nous y voyons ne se borne pas à prodiguer des caresses et des soins à ses trois enfans, sa tendre sollicitude la porte jusqu'à leur sacrifier sa santé; elle s'épuise pour les nourrir, elle leur donne avec son lait une partie de sa vie même; delà cette maigreur, cette pâleur intéressante qu'on remarque sur son visage. Les enfans, au contraire, annoncent par leur fraîcheur la plus parfaite santé.

Si, après avoir analysé ce tableau sous le rapport de la pensée, nous le considérons sous celui de l'imitation, nous trouverons que les enfans sont d'une vérité étonnante et dessinés avec naïveté; que la figure principale ne manque point de grâce; que ses draperies sont bien peintes et bien jetées; que tout est de relief, et que la couleur même a le mérite d'être vraie.

Cette belle peinture est encore une des anciennes richesses du palais Falconieri.

21 — Marie devant le corps de Jésus-Christ. T. haut. 10 p. 1 p. larg. 6 p. 6 p. et demi.

Les amis de Jésus, après avoir détaché son corps de la croix, l'ont déposé sur son tombeau, et sont allés se procurer les choses nécessaires à sa sépulture. Pendant ce tems, la Vierge demeurée seule, veille sur les restes inanimés de son fils. Debout, les bras tendus, les yeux fixés sur ces restes chéris, elle ne peut se lasser de les contempler, comme si leur vue allégeait les souffrances de son cœur. On aperçoit au loin le mont Golgotha et les trois croix.

Ce tableau est un de ceux qui ont décoré le palais Colonna. Le Guerchin l'a peint dans le tems de sa plus grande force. L'effet en est large, la couleur brillante, la composition d'une heureuse simplicité. La douleur de Marie est sagement rendue, et le corps du Christ, que les disciples ont assis sur la pierre de son sépulcre, au lieu de le laisser étendu par terre, nous montre la pieuse vénération qu'ils ont encore pour lui. Ses souffrances, les insultes qu'il a endurées nous sont rappelées par la couronne d'épines qui est à terre; d'épais nuages qui se dissipent font ressouvenir des ténèbres qui ont couvert le ciel , et des autres prodiges qui se sont opérés au moment où le Sauveur expirait sur la croix.

22 — Samson et Dalila. T. haut. 34 p. larg. 57 p.

Samson , pinçant une mèche de ses cheveux , fait imprudemment connaître à l'artificieuse Dalila que c'est en eux que réside toute sa force. *Le rasoir , lui dit-il , n'a jamais passé sur ma tête , parce que je suis Nazaréen , dès le sein de ma mère. Si on me rase la tête , toute ma force m'abandonnera , et je deviendrai semblable au commun des hommes.* Ces deux figures sont représentées à mi-corps et de grandeur naturelle.

Ce troisième tableau du Guerchin partage , avec les deux précédens , l'avantage d'être exempt de ces ombres noires et trop fortes qui tranchent durement avec les lumières et affectent désagréablement la vue ; il est clair quoique vigoureux , et la figure de Dalila est agréable.

JULES ROMAIN. (Giulio Pippi , dit)

23 — L'Enfance de Jupiter, peint sur bois. Haut. 39 p. larg. 66 p.

Ce tableau a tenu un rang distingué parmi ceux qui composaient la fameuse collection des ducs d'Orléans, sous le titre de Galerie du Palais-Royal. On le trouve cité dans l'*Abrégé de la vie des plus fameux peintres* (1), et décrit dans un catalogue qui fut publié dès 1720, par Dubois de Saint-Gelais. Mais, quelque brilans que soient ces titres, ils lui impriment moins d'éclat et de valeur que les charmes que l'art même y a répandus. Jules Romain, partisan du grand style de Michel Ange, n'a pas toujours aussi complètement réussi dans les sujets qui demandent de la grâce et de l'aménité, témoin, entr'autres, son tableau de Vénus et Vulcain qu'on voit au Musée Royal.

Dans une petite île tapissée de verdure, des nymphes réunies à des corybantes prennnent soin de l'enfance de Jupiter que Rhéa, sa mère, leur a confié pour l'élever. Le jeune dieu, couché sur un linge, dans un berceau formé de branches entrelacées, vient de fermer les yeux et de s'endormir. Deux des nymphes le couvrent d'un léger voile; une autre, au pied du berceau, se tourne vers trois de ses compagnes pour les avertir du sommeil de leur divin nourrisson. Ces dernières, assises à main gauche sur le bord de l'eau qui embrasse leur île. sont accompagnées d'un jeune curète et d'un prêtre de Cibèle, et tiennent, ainsi qu'eux, des instrumens dont elles font usage pour empêcher que les cris de l'enfant ne parviennent jusqu'aux oreilles de Saturne. A main droite et aussi sur la rive est un autre groupe composé de trois nymphes, dont l'une frappe sur un tambour de basque, et d'un

---

(1) Description des Tableaux du Palais-Royal, page 275.

jeune homme sonnant de la trompe. A l'extrémité de la petite île s'élève un bouquet d'arbres auxquels pendent en festons des vignes chargées de leurs fruits.

Le commerce, dans quelque pays que ce soit, ne fournirait vraisemblablement pas un second tableau de Jules Romain aussi authentique, aussi capital, aussi agréable que celui que nous venons de décrire; et cette dernière qualité nous semble d'autant plus précieuse ici, qu'elle n'est pas toujours le partage des productions de l'auteur, comme nous l'avons observé quelques lignes plus haut. Toutefois l'amabilité, la finesse et les autres agrémens qui plaisent dans ce tableau n'en ont-ils exclu ni l'élévation ni la sublimité; la symétrie même qui y règne dans l'arrangement des figures ne leur ôte ni la vie ni l'action.

Ces figures, hautes à-peu-près de 19 pouces, sont dessinées dans le goût de l'antique, pour lequel Jules Romain avait une grande propension. Quant à la couleur, elle est d'une fraîcheur exquise, d'une vérité *titienesque*, ce qui est encore ici une particularité très-remarquable.

LÉONARD DE VINCI. (Lionardo da Vinci)

24 — La Vierge et l'Enfant Jésus. Bois, haut. 23 p. 6 l., larg. 17 p. 6. l.

L'enfant Jésus, assis sur le bras droit de la Vierge Marie qui le porte au cou, passe sa main gauche sous le menton de sa tendre mère, et lui exprime par ses caresses le sentiment d'amour qui commence à germer dans son jeune cœur. Cependant, distrait par quelque chose qui attire sa vue, il tourne la tête vers le spectateur et semble le regarder. Marie porte également ses modestes regards au dehors du tableau.

Jésus est représenté nu, suivant l'usage de tous les peintres. La Vierge, vêtue d'une robe rouge et d'un manteau bleu, son habillement ordinaire, incline un peu la tête vers l'épaule gauche, et n'est vue qu'à mi-corps.

Peintre au plus éminent degré, ayant le premier assujéti son art à des principes certains, et l'ayant, en outre, comme agrandi par ses vastes connaissances, Léonard fut en même tems si difficile, si exigeant à son propre égard, que, cherchant toujours perfection sur perfection ; que, toujours mécontent ou peu satisfait de ses ouvrages, il en laissa une quantité d'imparfaits, et passa beaucoup de tems sur chacun de ceux qu'il voulut finir à son gré. La perfection qui se peignait vivement à sa pensée, le noble désir qu'il avait d'y atteindre, l'attachèrent longuement à ses ouvrages; il n'y a rien omis de ce qu'il croyait nécessaire à l'imitation, et jusqu'aux moindres détails y sont rendus avec un soin tout particulier. Ainsi Léonard qui, par l'étendue de son savoir, son jugement profond, son bon goût et la finesse de son sentiment, était un des hommes les plus capables d'enrichir le domaine de la peinture, et de fournir des modèles à la postérité, ne fit qu'un très-petit nombre de tableaux, qui, pour la plupart, ornent aujourd'hui les galeries des rois.

Dans la Madone dont il s'agit ici, et qui vient de la Casa Asaciel, nous voyons ce que la nature a de plus aimable, de plus attachant, et en conséquence ce que l'art peut choisir de plus propre à charmer tous les yeux : Marie et son Enfant ! quelle source infinie d'agrémens, quel beau motif d'expression sous le pinceau délicat de Léonard, sous ce pinceau presque divin, dont les œuvres, selon Mengs, firent concevoir à Raphaël les premières idées de l'expression. Marie, telle que l'esprit se la figure, doit plaire surtout par le doux épanchement de sa tendresse pour son mystérieux fils, par l'expression naïve d'une âme encore vierge, par le sentiment intime d'un bonheur pur ; et c'est là ce que Léonard a rendu sans rien laisser échapper, ni des beautés primitives ou naturelles qui émanaient de son sujet, ni de celles que le génie pouvait y ajouter. Modeste sans affectation, heureuse des caresses d'un fils qu'elle chérit et qu'elle adore, conservant encore toute sa première innocence, Marie regarde avec calme le spectateur ; son âme céleste siége sur son front ; c'est la candeur même, c'est Ève avant son péché. De cette expression merveilleuse de bonheur, de tendresse et de virginité qui relève les attraits de Marie, du mouvement aisé, modéré, délicat de sa tête, tant soi peu inclinée, résulte une grâce sublime, fruit du concept de Léonard, une grâce vraiment idéale, bien différente de cette grâce scénique ou factice que les peintres empruntent trop souvent de leurs modèles. Ce n'est point à nos sens, en un mot, que parle la divine Marie, c'est à notre âme.

Le petit Jésus, par sa vivacité enfantine, par la souplesse de toutes les parties de son corps, par sa jolie figure et sa grâce innocente, partage avec sa mère notre profonde admiration.

Ce précieux et rare tableau a été gravé deux fois.

PADOUAN. (Alessandro Varotari, dit le)

25 — Vénus et Adonis. T. haut. 60 p. larg 73 p.

Adonis, sans vêtemens et à demi couché sur une draperie rouge au pied d'un arbre, reçoit avec délices les caresses de Vénus : la déesse, mollement couchée près de son amant, approche ses lèvres des siennes, et s'enivre d'amour. Trois enfans ailés accompagnent Vénus, deux voltigent dans les branches d'un arbre et s'amusent avec une colombe qu'ils tiennent par les ailes, le troisième joue avec un des chiens de l'heureux chasseur.

Le Padouan après avoir long-tems étudié les plus beaux ouvrages du Titien, finit par en approcher dans la couleur et la morbidesse des chairs, ainsi que dans l'art de ménager les demi-teintes et de former des oppositions. Ces belles parties de la peinture brillent ici dans tout leur éclat, et font ressortir avec avantage les charmes inséparables d'un sujet que la volupté même semble avoir inspiré à l'imagination de l'auteur.

Ce tableau a été tiré du palais Spada.

(25)

PAUL VÉRONÈSE. (Paolo Caliari)

26 — La reine de Saba rendant hommage à Salomon, Tableau provenant du palais Forianini. T. haut.

Salomon, assis sur son trône en dehors de son palais, se penche affectueusement vers Nicausis, reine de Saba, qui vient lui rendre hommage, comme au plus sage des hommes. Cette princesse est suivie d'un jeune page qui lui relève sa robe, de quatre dames et de deux valets. Une des dames porte un petit chien dans ses bras; les valets conduisent un cheval et un chameau qui, sans doute, sont chargés des riches présens destinés au roi d'Israel. Un garde et quatre autres personnes sont placés aux deux côtés du trône. On voit dans le fond du tableau un mur de jardin surmonté de charmilles et attenant au palais. Les figures sont de grandeur naturelle.

Cette belle production de Paul Véronèse justifie ce qu'on a dit de ses ouvrages en général : que leur grand nombre n'a point nui à leur perfection. Elle réunit le naturel à la richesse et à la variété, la fraîcheur à une grande force de coloris, le faire le plus savant à la plus étonnante hardiesse de pinceau; il y a du gracieux dans les têtes de femmes, et dans tous les personnages beaucoup de mouvement.

PÉSARÈSE. (Simone Cantarini, dit le)

— 27 La Vierge apparaissant à sainte Thérèse. B. haut. 20 p. larg. 13 p. 6 l.

La Vierge Marie, assise sur un nuage, au milieu d'un nombreux chœur d'anges qui célèbrent ses vertus, tient sur elle le fils de Dieu et apparaît à sainte Thérèse, fondatrice de plusieurs ordres religieux. La Sainte, à genoux, contemple Jésus et lui exprime, la main sur le cœur, le fervent amour dont elle est enflammée. Saint Joseph, caractérisé par des instrumens de sa profession, est debout en face de Thérèse, et semble appeler sur elle l'attention du spectateur.

Le Pésarèse qui, dans plusieurs de ses gravures a si habilement imité Louis Carache, s'en est encore beaucoup plus rapproché dans ce tableau-ci; on y retrouve beaucoup de cette gracieuse simplicité qui charme dans les ouvrages du fondateur de la grande école de Bologne.

PÉRUGIN. (Pietro Vannucci, dit le)

28 — La Vierge, l'Enfant-Jésus et plusieurs saints personnages. Bois, diamètre 48 pouces.

La Vierge Marie. assise sur un piedestal, et tenant sur elle le divin Jésus, est accompagnée de deux anges, de sainte Rose et de sainte Catherine. Cette dernière, une palme et un livre dans les mains, est debout à la gauche de la Vierge; du côté opposé et dans la même attitude, est placée l'autre sainte, portant un vase de cristal et une branche de rosier. Les deux anges, un peu en arrière, témoignent, les mains jointes et les yeux baissés, la profonde vénération que

leur causent les vertus et l'élévation de Marie. Ces figures, symétriquement arrangées, occupent le devant
d'un paysage, dont toutes les parties sont d'une grande
fraîcheur.

Le palais Corini, à Rome, possédait autrefois ce
tableau. C'est à nos yeux une peinture aussi précieuse
que rare, et l'un des meilleurs ouvrages de l'auteur.
Il satisfait tout-à-la-fois par sa belle conservation, son
extrême fini et la richesse de ses détails, par les airs
de tête et la touchante simplicité de ses personnages,
et enfin par cette grâce raphaelesque, qui, selon Lanzi,
domine dans les derniers ouvrages du Pérugin, et
les distingue éminemment de ceux de ses imitateurs.

SALVATOR ROSA.

29 — Bataille sur terre. T. haut. 54 p. larg. 82 p.
6 l.

Deux armées ennemies se disputent le terrain qu'elles
occupent, et l'action est devenue générale. Au centre
l'air est chargé des fumées de la mousqueterie; à l'une
des ailes, sur le premier plan du tableau, les rangs
sont confondus, le combat est engagé de corps à corps,
les cavaliers sont mêlés avec les fantassins, et tous se
défendent ou meurent avec un égal courage, avec la
même fureur. De grands rochers couverts d'arbres
ressèrent, à gauche, le champ de bataille; on voit, à
droite, les restes encore superbes d'un antique palais.
Cette étonnante peinture donne une juste idée des
horreurs d'une bataille. La valeur, la souffrance, la rage,

le désespoir, animent toutes les figures; on croit entendre les cris des soldats et le bruit de leurs armes;
trompé en les voyant, on est tout pitié pour eux;
revenu de cette erreur, on est tout admiration pour
le talent de celui qui les a peints.

On doit ce tableau à la galerie du palais Santa Croce.

30 — Paysage. T. haut. 44 p. larg. 72.

Des montagnes, une rivière, d'énormes rochers,
composent les fonds de ce tableau. Sur le devant s'offrent des rocs brisés, des arbres rompus ou sans
vigueur, des broussailles et quelques plantes sauvages,
parmi lesquels deux bergers sont réduits à faire paître
leurs troupeaux.

31 — Paysage. T. haut. 44 p. larg. 72.

A droite sur le premier plan, quelques brebis gar-
dées par un berger cherchent entre des troncs d'arbres une nourriture que le sol avare ne leur fournit
qu'à regret; à gauche coule une rivière qui a creusé
son lit entre des rochers, et vers laquelle descend une
femme avec un paquet sur sa tête; au milieu est un
étroit sentier où passe un villageois conduisant un
cheval de somme. Du reste nous voyons ici le même
sol, la même nature que dans le paysage précédent;
c'est tout ce que l'imagination peut inventer de plus
sauvage.

Ce tableau et le précédent sont encore du nombre
des pertes difficiles à réparer qu'a éprouvées le palais

Falconieri : tous deux sont de la plus belle manière de Salvatore, et portent sa signature.

Salvatore, le Gaspre, le Lorrain, eurent la douce satisfaction de voir leurs paysages recherchés par les souverains et les grands seigneurs de tous les pays, et devinrent les modèles de beaucoup de peintres. Il est vrai de dire que, créateurs de trois différens genres de paysages, chacun d'eux porta le sien jusqu'à la sublimité. Claude Lorrain peignit la belle nature, la nature tranquille, souriant à nos yeux, et la para avec goût de quelques agrémens. Le Gaspre, dont l'imagination était vive, s'est plu à rendre les violens effets de l'orage et des vents, la nature agitée, ou se montrant avec le caractère d'une grandeur imposante. Le sauvage, l'horrible, se présente dans les paysages de Salvatore, sous les couleurs sombres qui leur conviennent ; on n'y voit que des antres, que des rocs brisés et entassés, que des terrains arides et embarrassés par des troncs d'arbes abattus ; en un mot, les bouleversemens de la nature faisaient le charme des fiers pinceaux de Salvatore Rosa.

TASSI. (Agostino)

32 — Paysage. T. haut. 36 p. larg. 48.

Ce tableau est un des meilleurs ouvrages de Tassi. On y remarque, sur les bords d'un large chemin, un cabaret près duquel sont rassemblés différens personnages qui se livrent aux plaisirs de la danse et du vin.

33 — Paysage.

Il sert de pendant à celui qui précède et l'égale en beauté. A droite est une grande auberge; à gauche une société d'amis de la bonne chère entoure une table bien servie et placée sous une draperie suspendue à des arbres.

Ces tableaux ont orné le palais Falconieri. Les figures dont Jean Miel les a considérablement enrichis, sont à-la-fois élégantes, bien peintes, correctement dessinées, et dans des attitudes aussi variées que naturelles.

TITIEN. (Tiziano Vecelli)

34 — Portrait d'homme. T. haut. 3o p. larg.

Ce portrait vient du palais Albani, si fameux par le riche assemblage d'objets d'arts qu'on y a long-tems admirés.

Le Titien a fait revivre dans cette peinture, quelque noble Vénitien. Ce personnage, d'une belle figure, portant barbe et moustaches, avec un pourpoint noir, est représenté un peu plus qu'à mi-corps et de grandeur naturelle : il a la tête nue, le corps effacé, la main droite sur la hanche, et le bras gauche pendant et sans action.

Un portrait de la main du premier des coloristes ne peut être que rempli de vérité, et singulièrement précieux.

35 — Portrait. T. haut. 3ı p. larg. 24.

C'est encore un personnage de distinction que cette

peinture offre à nos regards. Il a la tête nue , des moustaches , une barbe courte et un pourpoint noir; il est vu de trois quarts , ayant le bras droit appuyé sur une table , et la main gauche posée devant le milieu de son corps.

Ce portrait, dans le palais d'Albani, servait de pendant au précédent; il est aussi représenté à mi-corps, et de grandeur naturelle. Les connaisseurs y retrouvent cette savante imitation des chairs, cette finesse de coloris qui ont mérité au Titien la gloire d'être placé avec le Corrège et Raphaël , à la tête de tous les peintres qui ont illustré l'art depuis sa renaissance.

VASARI (Giorgio).

— 56 La Vierge pleurant sur le corps de Jésus-Christ. Bois , hauteur 16 pouces , largeur 11 pouces 6 lignes.

La Vierge Marie , à genoux au pied de la croix, contemple , l'âme navrée d'une profonde douleur, le corps de Jésus-Christ étendu par terre à côté d'elle. Le soleil et la lune personnifiés par deux Anges armés d'arcs et de flèches, apparaissent dans les airs aux deux côtés de la croix, et donnent des signes de deuil et de désespoir. Dans le lointain est la fameuse Jérusalem ; en deçà, on voit des tombeaux s'ouvrir et des morts ressusciter.

Vasari, ayant presque toujours été employé à de grands ouvrages , n'a laissé que très-peu de tableaux de chevalet. Celui-ci atteste la rare facilité avec laquelle

il opérait et la piquante originalité de ses concep-
tions. Il provient de la galerie de Capo-di-Monte.

VELASQUEZ. (Don Diego Rodriguez de Silva, y)

57 — Portrait de Philippe IV, roi d'Espagne. T.
haut. 20 p. larg. 18 p.

Ce prince est représenté en buste, nu-tête, avec des
moustaches et vêtu d'un simple habit noir.

On doit à la vente du cabinet de M. Lapeyrière, de
voir aujourd'hui cet admirable portrait dans le commerce. Le grand prix auquel il a été porté suffirait à
son éloge, si l'on pouvait se dispenser dè dire qu'il
égale en fraîcheur, ainsi qu'en vérité, les plus beaux
ouvrages de Vandyck et du Titien, et que, comme
eux, il rivalise avec la nature.

Portrait. T. haut. 27 p. larg. 21.

38 — Il représente une jeune femme en corset, la
gorge à demi-nue, et les cheveux ornés d'un simple
ruban.

Ce buste, fait presto d'après une paysanne espagnole,
est une fort belle étude où l'on remarque de la couleur, beaucoup de relief, et une grande vivacité de
pinceau.

ÉCOLE DES PAYS-BAS.

BACKHUYSEN. (Louis)

59 — Marine. T. haut. 59 p. long 61.

Backhuysen a pris pour motif de la belle marine que nous allons décrire, l'embarquement supposé de Guillaume III, roi d'Angleterre, retournant de Hollande dans ses états. L'histoire rapporte que ce prince s'absenta souvent de son royaume pour se rendre dans les Provinces-Unies où il avait conservé la dignité de Stathouder. Il est vraisemblable que le départ dont il s'agit ici eut lieu en 1691, à la suite d'un voyage causé par les affaires de la ligue d'Ausbourg, dont Guillaume était le plus ardent moteur. A cette époque, l'auteur de ce tableau, Backhuysen, était dans toute la force de son talent.

Un vent frais agite les eaux du Zuyderzée et favorise le départ de quatre vaisseaux anglais qui unissent tous à leur propre pavillon celui des provinces de Hollande. Un de ces vaisseaux, ayant trois ponts et courant vent-arrière sous ses principales voiles, se présente par son stribord au milieu du tableau, et tire un coup de canon pour annoncer qu'il vient de recevoir le prince à son bord. Il porte sur sa poupe le pavillon tricolore, et à la tête de son grand mât l'ancien pavillon anglais. Le *Commodore* courant aussi vent-arrière, ouvre, à main droite, la marche de l'escadre, et commence à gagner le large avec un autre vaisseau. L'amiral, qu'on reconnaît à sa longue flamme, ne fait encore qu'appareiller. On voit, à main gauche, le yacht de l'amirauté hollandaise , arrivant grand largue par l'arrière du vaisseau où il vient de déposer le roi. Sur le riche tillac de ce bateau sont réunis plusieurs hollandais de distinction qui ont le verre en main et boivent sans doute au bon voyage de leur stathouder. Divers canots, chaloupes et barques voguent çà et là sur le golfe; à l'horizon on aperçoit les principaux édifices de la petite ville de Texel.

Ce tableau mérite assurément la palme sur tous ceux que nous connaissons du même auteur, et peut-être sur tous ceux qu'on doit à ses rares talens. Autant il intéresse par le trait historique qu'il rappelle, autant il charme par son étonnante beauté; les eaux y sont peintes avec un tel art, qu'elles semblent se mouvoir; chaque navire semble céder à l'impulsion du vent; le ciel même, chargé d'un riche amas de nuages, offre aux yeux un magnifique spectacle, et commanderait seul notre admiration. Il n'appartient qu'au génie de rendre ces effets passagers, cette apparente agitation, cet air de vie, qui nous font regarder Backhuysen comme le premier peintre de marines.

CUYP. (Albert)

40 — La partie de chasse. T. haut. 40 p. larg. 57 p.

Un jeune prince d'Orange, à la chasse, sur un cheval brun de petite taille, s'arrête un moment pour reprendre haleine ou peut-être afin de donner ses ordres aux chasseurs. Deux écuyers l'accompagnent, l'un jeune encore et montant un moyen cheval noir, l'autre affourché sur un cheval de haute taille et gris moucheté. Vers le second plan du tableau on remarque un lièvre fuyant devant six chiens, et un peu plus loin, un valet courant à pied à côté d'un piqueur. Les fonds offrent un vaste pays baigné par une rivière, parsemé de villages et borné, à droite, par un coteau surmonté de fortifications ruinées.

Dans ce magnifique ouvrage, le maniement du pinceau est plutôt un jeu qu'un travail de la main ; la couleur, une véritable magie; quelle harmonie, quelle chaleur, quel éclat! quel peintre, avec des ombres légères, a su mettre autant de lumière dans ses tableaux? Ici tout est clair, tout est brillant, et semble frappé des rayons mêmes du soleil. C'est en cela que consiste l'étonnant mérite des productions de Cuyp; et c'est en cela aussi que le tableau dont nous parlons ne le cède à aucun autre et nous paraît digne des plus grands éloges.

Paysage. B. haut. 12 p. larg. 20.

41 — Ce joli tableau long-tems vanté dans les cabinets de MM. de Preuil et Lapeyrière, a subi l'épreuve de deux expositions publiques qui ont consacré sa réputation. On s'accorde à le regarder comme un des plus piquans ouvrages de Cuyp, sous le double rap-

port de la couleur et de l'exécution : la première est brillante et dorée, la seconde est vive et tout esprit.

Des montagnes en partie couvertes de bois et s'étendant à main droite jusqu'à l'horizon, composent les derniers plans de ce tableau; en deçà coule une rivière paisible où se baignent les antiques murs d'un château sans comble, et flanqué de quatre tourelles en partie ruinées. Sur le devant, au bord de la rivière, est un cavalier qui s'arrête pour causer avec un pâtre chargé de la garde de quelques brebis.

42 — Fruits et insectes. Bois, haut. 15 p. 6 l., larg. 12 p. 6 l.

Des papillons et autres insectes voltigent ou se promènent autour de six pêches groupées avec du raisin. Ces choses, simples par elles-mêmes, doivent au pinceau le plus suave, à la plus belle couleur, le secret de nous plaire par leur aspect de vérité.

43 — Portraits. T. haut. 32 p. larg. 27 p. 6 l.

Deux portraits, l'un d'homme, l'autre de femme. Celle-ci est vue presque de face et vêtue de noir; l'homme est couvert d'une cuirasse, de brassards et de gantelets de fer. Ces deux figures, pleines de vérité, sont représentées à mi-corps et de grandeur naturelle.

DIETRICK. (Christian Guillaume Ernest)

44 — La présentation au temple. T. haut. 16 p. 6 l. larg. 23.

De tous les maîtres dont Dietrick a pris tour-à-tour le style et la manière, Rembrandt est celui qu'il a pastiché avec le plus de succès. Ce tableau - ci en est une preuve incontestable.

Nous y voyons la Vierge et saint Joseph présentant Jésus au temple.

Le grand prêtre, à genoux, les yeux au ciel, a reçu dans ses bras l'enfant de Marie; celle-ci, dans la même posture, joint les mains devant son visage et paraît être dans un profond recueillement; Joseph un peu incliné présente au ministre du Très - Haut les cinq cicles destinés au rachat de Jésus, et les deux colombes ordonnées par la loi pour la purification de sa mère. A cette cérémonie assistent Siméon le juste, la prophétesse Anne et beaucoup d'autres personnages, les uns contemplant le Messie, les autres occupés du service du temple.

On compte plus de vingt-cinq figures dans ce tableau; mais cette richesse est son moindre mérite: c'est plutôt à la magie de son coloris, à son effet lumineux et *rembranesque*, que nous devons nos éloges ainsi que notre admiration.

HEEM. (Jean David, de)

45. — Guirlande de fruits. B. haut. 13 p. larg. 17.

Des raisins et autres fruits rassemblés en bouquet et attachés contre un mur avec un ruban bleu. L'art n'a jamais été plus heureux dans l'imitation de la nature; et si l'on en juge par le mot latin *ultra jactum,* que de Heem a joint à sa signature, il regarda ce tableau - ci comme une chose où il avait dépassé les bornes ordinaires de son talent.

HEYDEN. (Jean Vander)

46 — Vue prise dans l'intérieur d'une ville ou d'un village de Hollande; B. haut. 13 p. 6 lig. larg. 17 p. 6 lig.

Un profond canal sur lequel est un pont levis, occupe à main gauche la moitié du point de vue; l'autre moitié offre un large quai bordé de maisons dont la file est coupée par une rue; au delà du pont, d'autres maisons sont également situées sur le bord du canal.

Adrien Vandenvelde a enrichi ce tableau d'une quantité de jolies figures. On s'étonnera toujours avec quelle intelligence il a su accommoder son talent à celui de Vander Heyden : celui - ci a fait des portraits surprenans, et Vandenvelde les a pour ainsi dire animés.

HOLBEIN (Jean).

47 — La famille de Thomas Morus. Bois, haut. 56 p., larg. 40 p.

Suivant la tradition, ce rare tableau nous offre le portrait du célèbre et vertueux Thomas Morus, ceux de sa femme et de ses quatre enfans. L'artiste les a représentés en prière aux deux côtés de la Vierge qui tient l'enfant Jésus à son cou.

Le fini le plus précieux, une scrupuleuse imitation

de la nature, une extrême vérité, appellent ici toute
l'attention des personnes qui forment des galeries.

JORDAENS. (Jacques)

48—L'adoration des bergers. T. haut. 60 p., l. 55 p.

Jésus, nouveau né et dormant entre les bras de sa
mère, est déjà l'objet de la vénération des bergers de
Bethléem. L'un d'eux, vénérable vieillard, se tient
humblement prosterné devant la Vierge et son fils ;
d'autres debout et au nombre de cinq, expriment di-
versement, ou la surprise qu'ils éprouvent ; ou les
religieux sentimens dont ils sont pénétrés. Saint Joseph,
présent à cette scène et placé en arrière de la Vierge,
considère attentivement les adorateurs de son mystérieux fils.

La principale lumière de ce tableau jaillit du corps
de l'enfant ; les figures sont de grandeur naturelle et
vues à mi-corps.

MYN (Herman Vander).

49 — Le pêcheur. B. haut. 12 p. larg. 9 p. 6 l.

Un jeune garçon assis au bord d'une rivière près
d'un vieux saule dépouillé de ses branches, tient une
ligne tendue et s'amuse à pêcher; on voit près de lui
un vase de terre avec un petit poisson, et au bord de
l'eau, des roseaux fleuris.

Il y a dans ce joli tableau une finesse d'exécution

qui lui a valu l'honneur d'être gravé sous le nom de Gérard Dow; cette méprise est un éloge.

JARDIN (Karel du).

5o — Le Gué. Toile, hauteur 13 pouces 6 lignes, largeur 16 pouces.

Une villageoise et son fils, ayant l'un et l'autre le jupon relevé, sont nu-pieds dans le bord d'une rivière qu'ils se disposent à traverser à gué; près d'eux sont arrêtés un âne chargé de hottes, une vache, une brebis et un chien, qui n'attendent qu'un signe ou un mot pour marcher. Au delà de la rivière, qui baigne la partie la plus avancée du tableau, est un sentier montant et bordé, à gauche, d'une suite de rochers qui dérobe à la vue une partie des lointains.

Ce n'est point par des oppositions de jour et d'ombre, par des effets vifs, que ce paysage plaît aux yeux, mais par une lumière et une harmonie douces, par tout ce que le coloris peut produire de plus enchanteur et de plus vrai, en un mot par tout ce que le travail du pinceau peut obtenir de plus suave et de plus délicat. Feu Lebrun, dont les jugemens feront long-tems autorité, élevait ce tableau au dessus de tous ceux de du Jardin qu'il avait eu occasion de voir. Nous partageons d'autant plus volontiers son opinion, que jamais peinture de ce genre ne nous a causé une impression plus profonde et sur laquelle notre pensée revienne avec plus de plaisir.

KONING (Jacques).

51 — Paysage. Toile, hauteur 48 pouces, largeur 58 pouces 6 lignes.

Il représente un sol plat, sablonneux, parsemé de villages, entrecoupé de rivières et de ruisseaux, et bordé au loin par un grand bras de mer. Telle se montre la nature dans la partie septentrionale de la Hollande.

Lingelback, dont les jolies figures ornent tant de paysages, a représenté dans celui-ci des laveuses, un homme pêchant à la ligne, un carrosse à six chevaux, et plusieurs chasseurs accompagnés de valets et de chiens.

Koning a excellé dans la représentation de ce genre de vues. A la facilité d'en multiplier les plans sans les rendre confus, et d'y répandre plusieurs accidens de lumière sans nuire à l'effet principal, il a su joindre une couleur vraie et une rare liberté de pinceau.

MAAS (Nicolas).

52 — Portrait d'homme ; demi-figure peinte sur toile, hauteur 36 p., largeur 29 p.

Ce personnage, homme de guerre, est représenté sur le devant d'un paysage. Il a la tête nue, la main droite sur la hanche, et la gauche sur un casque qui est posé devant lui. Son corps, un peu effacé de gauche , est couvert d'une cuirasse en partie cachée par une écharpe jaune.

Maas a fait beaucoup de portraits. Ils sont d'une exécution facile, d'une couleur vraie et pleins de naturel.

METZU (Gabriel).

53 — Charles II, roi d'Angleterre, fuyant les poursuites de ses ennemis. Tableau peint sur toile, haut. 24 p. , larg. 26 p. 6 lig.

A la faveur des premières ombres de la nuit, le roi fugitif vient d'entrer dans la forge d'un maréchal-ferrant pour y faire visiter les pieds de son cheval. Les fers de cet animal sont marqués de fleurs de lys; et l'artisan , ayant deviné Charles à la vue de ces empreintes , est devenu tout pensif. Cependant il a fait rougir un morceau de fer, s'est mis à son enclume , et se dispose à travailler; déjà même il a levé son marteau; mais en regardant Charles, qui le fixe aussi, il reste immobile et réfléchit à sa singulière aventure. Charles, malgré ses craintes, garde une contenance noble et pleine de fermeté. Un jeune garçon, placé debout à côté de l'âtre de la forge, ne touche que faiblement les regards du spectateur et ne les distrait point de l'action principale.

Une forte demi-teinte, commandée par le sujet même, jette une espèce de mystère sur toutes les parties de ce tableau, et nous rappelle ingénieusement la fatale nécessité où se trouvait Charles II d'éviter

avec soin le grand jour. Il n'appartenait qu'à un coloriste d'oser rendre un pareil effet.

54 — Scène familière. Bois, haut. 10 p., larg. 9 p.

Un jeune homme, assis nu-tête et la plume à la main
devant une table couverte d'un tapis de Turquie,
repasse une lettre qu'il vient d'écrire, tandis que sa
servante lui apporte une bougie allumée pour la ca-
cheter. Sur la table sont posés un livre et une écri-
toire.

Dans tous les tableaux de Metzu, la pose des figures
est simple, vraie, et telle que leurs actions l'exigent.
Elles sont d'ailleurs bien dessinées, spirituellement
peintes, d'un grand relief et d'une couleur vraie.

MIERIS (Willem).

55 — Vertumne et Pomone. Bois, haut. 13 p. 6 lig.,
larg. 16 p.

Vertumne, sous les traits et les habits d'une vieille
femme, parvient à gagner le cœur de Pomone en lui
peignant le bonheur d'aimer. La jeune déesse, vêtue
d'une robe de satin blanc, a les cuisses et le sein à
demi-nus, et laisse apercevoir sur son visage quelques
signes d'une douce émotion.

La scène a lieu dans un parc, sous un orme qu'embrasse une vigne chargée de fruits.

MORELS (Paul).

56 — Bois, haut. 48 p., larg. 40.

Portrait d'homme vu à mi-cuisse et de grandeur naturelle. Il a la tête nue, le bras droit pendant, tient un gand de la main gauche, et porte, sur un habit noir, un grand rabat festonné et travaillé à jour.

PAUDITZ (Christophe).

57 — Un villageois et un boucher faisant marché d'un veau. Toile, haut. 6 p. 10 lig., larg. 4 p. 8 lig.

Dans une salle rustique et obscure, un villageois et un boucher sont en marché pour un veau. Le vendeur, représenté nu-tête, est un respectable vieillard, dont l'âge a blanchi la barbe et les cheveux. Au tour de sa main gauche, enveloppée d'un linge, est lié le bout de la corde à laquelle est attaché l'animal dont il veut se défaire. Son geste, ainsi que sa figure, exprime, avec calme et gravité, le refus un peu dédaigneux qu'il fait d'une pièce de monnaie que lui offre le boucher. Celui-ci, dans la force de l'âge et la tête couverte d'un grand chapeau, saisit de la main gauche le bras du vieillard, et fait connaître par ce mouvement la crainte où il est de manquer son marché. Aux pieds du boucher est un gros chien qui flaire le veau. Derrière le vieillard et dans l'ombre on aperçoit un jeune garçon qui souffle de la bouche le feu d'un réchaux posé à terre. Cette action produit une lumière secondaire qu'il serait difficile de rendre avec plus de vérité.

L'auteur a éclairé son tableau à la manière de Rembrandt, son maître. La tête du vieillard est frappée d'un jour vif, qui s'affaiblit insensiblement à mesure qu'il s'étend sur les corps voisins. Rien de plus piquant que l'effet qui résulte ici de cette distribution graduelle de la lumière; et rien de plus vrai en même tems que la couleur locale de chaque partie de la composition; les animaux sont merveilleusement peints.

Pauditz, grand coloriste, connut aussi l'expression muette du visage et des gestes, et a peint, d'une manière originale, le langage de l'action. Son exécution est large, moëlleuse, et variée suivant le caractère des objets imités.

Nous ne connaissons en France que ce seul ouvrage de Pauditz. Descamps et feu Lebrun confessent n'en avoir jamais vu. Qu'on juge par là de leur rareté.

POTTER. (Paulus)

58 — Le pâturage. B. haut. 18 p. 6 l. larg. 24 p.

Douze animaux domestiques couvrent le premier plan de ce tableau; voici l'ordre dans lequel ils sont disposés:

Une chèvre et deux brebis se reposant à l'ombre sur le premier plan, forment à main droite un groupe particulier. Non loin d'elles, un bouc couché à part se tient également au frais. A quelques pas de là une génisse et quatre vaches frappées d'une lumière plutôt modérée que vive, composent le groupe principal, celui qui attire et fixe particulièrement les regards. La génisse est couchée et semble ruminer. Les quatre vaches, chacune d'une couleur différente, attendent avec patience le moment où elles vont être débarrassées de leur lait, et déjà l'une d'elles a livré ses abondantes mamelles aux mains d'une jeune servante qui est oc-cupée à la traire. Plus loin est une cinquième vache à côté de laquelle se trouvent deux brebis. A main gauche un sentier bordé d'arbres longe le pâturage et conduit à une petite ferme; à main droite le point de vue se termine par un lointain.

On se rappelle qu'à l'exposition publique qui pré-céda la vente du riche cabinet de M. Lapeyrière, ce tableau fut singulièrement admiré de tous les connais-seurs. Alors pourtant une crasse aussi épaisse qu'an-cienne lui ôtait son charme le plus puissant, celui qui naît de l'illusion. Ce charme lui a été rendu par un nettoyage fait avec soin; l'on jouit aujourd'hui de son premier et de son véritable aspect, et l'on peut l'appré-cier dans sa couleur comme on l'a déjà apprécié dans sa richesse et dans son dessin. Il porte la date de 1646 ; le moment choisi est celui d'une fraîche matinée.

M. Perignon, dans son catalogue des tableaux du cabinet de M. Lapeyrière, a signalé celui-ci comme un chef-d'œuvre. Cet éloge a la vérité pour base, et l'on n'y peut rien ajouter.

59 — Un jeune cheval blanc, tacheté de noir, est arrêté sur le devant d'un aride paysage. Quelque bruit qu'il a entendu lui fait lever la tête; son œil vif indique son ardeur et fait deviner son agilité. Plus loin, deux biches accompagnent un cerf qui boit dans un étang.

Potter a peint ce tableau en 1653, c'est-à-dire à vingt-huit ans; c'est la nature même prise sur le fait.

REMBRANDT. (Van Ryn Paul)

60 — Lucrèce, figure à mi-corps et de grandeur naturelle. T. haut. 42 p. larg. 36. p.

Agitée d'une douleur sombre, la malheureuse épouse de Collatin lève sur elle le poignard qu'elle a résolu de s'enfoncer dans le sein.

Ce sujet étant trop connu pour qu'il soit nécessaire de l'expliquer ici, nous nous bornerons à dire que Rembrandt l'a traité avec son originalité ordinaire, et qu'il y a déployé toute la hardiesse de son pinceau, toute la force, toute la chaleur de son étonnant coloris.

RUYSDAEL. (Jacques)

61 — Le moulin à eau. T. haut. 27 p. larg. 35 p.

Des conduits de bois soutenus par de nombreux appuis, reçoivent les eaux d'une colline et les versent sur les roues d'un moulin, dont le toit couvert en brique offre le désordre le plus piquant: différens arbres ombragent le sol aux deux côtés du moulin ; en avant est un canal et un éboulement de sable sillonné de ruisseaux.

Ce tableau est du nombre de ceux qui soutiennent la grande réputation de Ruysdael. La teinte en est hardie et l'effet bien raisonné; la fabrique est, par sa construction, d'un pittoresque inimaginable; les arbres

sont variés comme dans la nature; les nuages amon-
celés dans le ciel sous les formes les plus belles , y
brillent du plus grand éclat.

62 — Paysage. T. haut. 14 p. larg. 19 p. 6 l.

Une rivière baigne tout le premier plan de ce paysage.
Au delà est une campagne presque entièrement mas-
quée par des arbres dont la teinte sombre opposée à
l'éclat du ciel, produit un grand effet.

STEEN. (Jean)

63 — L'estaminet hollandais. T. haut. 22 p. larg. 25 p.

Deux Hollandais, l'un assis, l'autre debout, font une
partie de trictrac sur une table placée au milieu d'un
estaminet: avec eux est un de leurs amis qui, sans se
désaisir de sa cruche, paraît suivre attentivement tous
les coups de leur jeu; derrière lui est un autre buveur
qui se délecte à même son pot; un cinquième personnage fait écot à part, et se tient tranquillement assis
dans un des coins de la cheminée. Son humeur calme
forme une espèce de contraste avec l'air éveillé d'un
épais vieillard , que Jean Steen a fort spirituellement
représenté sur le devant de son tableau. Le gaillard
saisit la maîtresse de la maison par son tablier au moment où elle lui présente un verre de vin , et la regarde
avec des yeux qui disent clairement qu'elle ne lui est
pas indifférente. Le fond de la salle est éclairé par une
porte et une fenêtre qui donnent sur un jardin. Un
chien, un tabouret renversé, un réchaud, une pipe,

un pot d'étain, des coquilles d'œufs et de moules épars çà et là sur le plancher, en augmentant la richesse du tableau, expriment aussi le désordre qui règne ordinairement dans un cabaret.

Les connaisseurs mettent ce tableau au rang des meilleurs ouvrages de son auteur.

SWANE VELT. (Herman, dit Herman d'Italie)

64 — Paysage. T. haut. 2 p. 3 l. larg. 3 p. 1 l.

Ce tableau d'une rare qualité, plaît également par sa couleur, sa simplicité, ses grandes masses et sa belle exécution. A droite, dans la demi-teinte, est un chemin bordé de châtaigniers, à l'entrée duquel sont arrêtés quatre villageois qui font la conversation; à gauche au delà d'une rivière dont les eaux baignent le milieu du paysage, est une montagne couverte d'arbres et surmontée d'une tour. Dans le lointain s'offrent d'autres montagnes dont la base, en s'étendant, forme d'agréables coteaux.

TENIERS, le jeune. (David)

65 — La tentation de saint Antoine. Cuivre. haut. 21 p. larg. 28 p. 6 l.

Une vaste grotte creusée sous un rocher sert de retraite au saint: c'est dans cet asile sauvage, qu'à genoux, joignant les mains et contemplant un Christ auquel il attache toutes ses pensées, l'austère ermite parvient à triompher des efforts qu'emploient les démons pour le distraire et le tenter. Une espèce de duégne, dont l'essence infernale se décèle par la paire de cornes qui perce sa coiffure, excite vainement le saint homme à lever les yeux sur un autre démon qui se présente devant lui, un verre à la main et sous les traits d'une jeune femme disposée à le séduire; plus de vingt autres esprits sortis des éternels abîmes et revêtus de formes plus ou moins hideuses et bizarres, entourent le solitaire et tâchent par un horrible vacarme de l'arracher à ses pieuses méditations.

66 — Même sujet. T. haut. 54 p. larg. 40 p.

Ce second tableau de Teniers, cité par Descamps, et dont il a été fait une gravure, ornait autrefois la galerie du prince de Monaco. L'auteur, en y agrandissant sa manière, nous a donné une preuve frappante de la rare habileté avec laquelle il savait manier et maîtriser son pinceau.

Ici l'ermite Antoine est à genoux devant un autel taillé dans le roc; une vieille femme vient le distraire et l'excite à jeter les yeux sur une plus jeune qui lui présente un verre de liqueur: à leurs efforts s'unissent ceux de plusieurs autres démons, qui apparaissent sous des formes fantastiques et effrayantes ; mais Antoine, au milieu d'eux, est impassible à tout autre sentiment que celui de la piété, et son front, aussi calme que son ame, ne donne aucun signe d'émotion.

Ces deux tableaux sont tout-à-fait différens dans leur ensemble ainsi que dans leur couleur. Dans le dernier on remarque des teintes dorées, un pinceau large, assuré, plein d'énergie, et qui semble fait pour l'histoire ; dans le premier au contraire, on admire des tons argentins, un faire soigné, une touche délicate et spirituelle, des détails d'une précision, d'un fini ravissans. Mais on retrouve également dans l'un et dans l'autre cette abondance, cette richesse d'imagination, ce sentiment exquis de la couleur, cette facilité de toucher, en un mot cette vérité qui est le cachet du génie dans tous les arts d'imitation.

TERBURCH. (Gérard)

67 — Corps de garde. B. haut. 17 p. 9 l. larg. 13 p. 6 l.

Trois militaires sont réunis dans une chambre autour d'un tonneau qui leur sert de table ; l'un d'eux, fatigué de son service, vient d'être surpris par le sommeil, ses yeux se sont fermés, et sa tête renversée en arrière pose sur le dossier du fauteuil où il est assis. Un de ses camarades saisit ce moment pour s'approcher de lui et lui faire aspirer de la fumée de tabac. Le troisième militaire, la pipe et le réchaud à la main, montre par sa froideur qu'il ne loue ni ne blâme cette malicieuse action.

Terburch, selon les critiques, est un des peintres hollandais qui ont donné le plus de noblesse aux personnages de leurs tableaux. Celui-ci nous paraît confirmer ce jugement : on y voit que l'auteur avait étudié d'autres figures et d'autres manières que celles des hommes du commun.

68 — Portrait d'homme. T. haut. 24 p. larg. 18 p.

Ce portrait paraît être celui d'un ministre protestant ; il est coiffé d'un chapeau à large bord, porte un grand rabat sur un habit noir ; sa main droite est posée

(52)

sur sa hanche, il tient de la gauche une paire de gants ;
à côté de lui est une table couverte d'un tapis de ve-
lours violet.

69 — Portrait de femme. T. haut. 24 p. larg. 18 p.

Elle est représentée debout près d'une table, ayant
la tête nue, tenant un éventail et croisant les mains
au dessous de l'estomac ; une double pélerine couvre
ses épaules et retombe sur une robe de satin noir qu'ac-
compagne un jupon de taffetas gris.

VELDE. (Willem Vanden)

70 — Marine. T. haut. 12 p. 6 l. larg. 19 p. 6 l.

Vue prise à l'embouchure de la Meuse. Au premier
plan se trouvent une chaloupe qu'un matelot conduit
à la rame, et une barque que trois pêcheurs viennent
d'échouer sur un banc de sable ; une des voiles de cette
barque est tendue, et l'autre abaissée : plus loin on
remarque plusieurs canots, un bateau arrivant à la
voile, et cinq vaisseaux de ligne mouillés en différens
endroits du fleuve. A l'horizon on découvre les indices
d'une basse-terre.

VELDE. (Adrien Vanden)

71 — Scène pastorale. T. haut. 11 p. 6 l. larg. 14 p. 6 l.

Un vieux pâtre, la houlette à la main et gardant un
petit troupeau, est assis sous un arbre à côté d'une
jeune femme qui vient de lui apporter un panier de
provisions. Tout près de lui se reposent au soleil une

vache et plusieurs agneaux ou brebis ; d'autres animaux errans à l'ombre y cherchent à pâturer.

Ce joli tableau réunit à un effet piquant, une grande finesse d'exécution.

WOUWERMANS. (Philippe)

72 — Rendez-vous de chasseurs. T. haut. 15 p. larg. 21 p. 1/2.

Dans un large chemin formant le premier plan d'un paysage, un chasseur accompagné de deux valets, dont l'un est assis à ses pieds, tient de la main gauche la bride de son cheval, de la droite un faucon, et attend deux de ses compagnons qu'on voit venir droit à lui : un de ceux-ci, suivi d'un valet, fait simplement trotter son cheval ; l'autre accourt au galop en laissant en arrière son fauconnier. Des arbres cachent, à main droite, une partie du point de vue ; à gauche s'étend une plaine immense et fertile où frappe un rayon de soleil et au delà de laquelle une chaîne de montagnes couvre l'horizon.

73 — Halte de voyageurs. Haut. 13 p., larg. 15 p. 6 lignes.

Trois cavaliers et un charretier sont arrêtés à la porte d'un cabaret. Tandis que ce dernier, placé debout près d'une auge, distribue des morceaux de pain noir à ses chevaux, l'un des cavaliers présente à la maîtresse de la maison un pot qu'il vient de vider, un autre met le pied à l'étrier, et le troisième, la houssine levée, fait faire un mouvement à son cheval, comme pour le forcer à marcher. A la gauche de ce cavalier est un mendiant qui lui tend son chapeau. Un villageois, appuyé sur la porte du cabaret, enrichit encore, avec plusieurs autres personnages, la composition de ce charmant tableau.

Tout ce qu'a fait Philippe Wouwermans a l'heureux don de plaire aux yeux. Cela vient du naturel, de l'élégance même de ses figures, du goût qui brille si éminemment dans ses tableaux, et enfin de cette légèreté, de cette grâce de pinceau, dont aucun imitateur n'a pu se vanter d'avoir approché.

WINANTZ (Jean).

74 — Paysage. Toile, haut. 13 p., larg. 15 p.

Sur le devant est un sentier bordé, à droite par une marre et deux buttes de sable éboulé, à gauche, par un étang, dans lequel se jettent les eaux d'un ruisseau. Des arbres légers couronnent une des buttes; près de l'autre, où frappe un rayon de soleil, se reposent deux chasseurs accompagnés d'un valet et de quatre chiens. Dans le chemin, vers le second plan, vient un paysan conduisant une vache; plus loin est un cavalier qui se rend à un village, dont l'entrée est indiquée par des chaumières avoisinées d'arbres. Les yeux, en revenant à la gauche du tableau, s'y promènent sur des prairies, des coteaux et des montagnes.

Quand les paysages de Winantz sont aussi soignés, aussi réussis, aussi piquans que celui-ci, ils l'emportent en agrémens sur la plupart de ceux de tous les autres peintres. Les figures sont d'Adrien Vanden Velde.

ÉCOLE FRANÇAISE.

———

BOURGUIGNON (Jacques-Courtois, *dit le*).

75 — Bataille. Toile, hauteur 22 pouces 6 lignes, largeur 36 pouces.

Deux corps de cavalerie, rangés au loin sur les deux bords d'une rivière, se disputent avec acharnement le passage d'un pont. Sur le devant de la scène d'autres cavaliers, dont plusieurs abreuvent leurs chevaux, sont réunis à un porte-étendart. Un trompette vient les rejoindre en courant, tandis que son camarade, accompagné d'un cymbalier, fait entendre un signal qu'un officier vient de lui ordonner.

76. — Choc de cavalerie. Toile, hauteur 22 pouces et demi, largeur 36 pouces.

Ce beau tableau est le pendant de celui qui précède, et représente de même un choc de cavalerie. Le combat est engagé le long d'une rivière, à quelque distance d'une ville. Un commandant, suivi d'un porte-drapeau, tourne le dos au champ de bataille et fait sonner un rappel.

Ces deux tableaux proviennent du palais Falconicri, à Rome, et ne sont point au dessous des meilleurs ouvrages de Salvator Rosa.

GELÉE (Claude), *dit le* Lorrain.

77 — Énée débarqué à Cumes et faisant la chasse à des cerfs. Toile, hauteur 41 pouc., largeur 57 pouc.

Le sujet qui enrichit ce paysage est tiré du premier livre de l'Énéide : *Tres littore cervos prospicit errantes.*

Trois cerfs errans dans la campagne s'offrent aux regards d'Énée, qui soudain leur décoche à chacun un trait et les étend par terre. Plus loin sont d'autres jeunes cerfs qu'il va poursuivre, et qui tomberont aussi sous ses coups en nombre égal à celui des vaisseaux de sa flotte. A main gauche nous apercevons cette flotte qui, long-tems battue par l'orage, s'est réfugiée dans un petit golfe. Le flot, dans un calme profond, y dort à l'abri de deux grandes masses de rochers, l'une percée en arcade, l'autre couronnée d'arbres et située au milieu du tableau. Ce dernier rocher est celui dont Énée avait gagné la cime pour tâcher de découvrir les restes de sa flotte, et d'où il a aperçu les bêtes fauves qu'il poursuit.

Ce paysage, vu à la naissante clarté du jour, nous offre dans un ton de demi-teinte une nature tout-à-fait sauvage. En cela, comme dans toutes les autres parties de son tableau, le Lorrain s'est modelé sur le poëte dont il a emprunté son sujet.

78 — Énée prêt à descendre aux enfers avec la

Sibylle de Cumes. Toile, hauteur 41 pouces, largeur
57 pouces.

Ici l'auteur a représenté Énée prêt à descendre aux
enfers ; sujet emprunté du sixième chant de l'Énéide.

A peine les premiers rayons du soleil ont-ils dissipé
une partie des ténèbres de la nuit, qu'Énée, ayant
en main le précieux rameau destiné à l'épouse de
Pluton, et marchant d'un pas hardi à côté de la Sibylle de Cumes, va franchir avec elle les affreux che-
mins qui conduisent aux enfers. A gauche,

> Sous d'énormes rochers, un antre ténébreux
> Ouvre une bouche immense ; autour des bois affreux,
> Les eaux d'un lac noirâtre en défendent la route :
> L'œil plonge avec effroi sous sa profonde voûte.
>
> DELILLE.

C'est vers cette entrée du séjour des morts que
le pieux héros dirige ses pas. Du côté opposé, on
aperçoit dans le lointain le temple d'Apollon, où la
Sibylle rend ses oracles sacrés. Le point de vue se
termine par la partie des mers qui baigne les côtes de
l'Ausonie.

Ce beau tableau et le précédent ont orné le palais
Falconieri, à Rome.

79 — Minerve visitant les Muses sur le Parnasse,
T. haut. 52 p. larg. 70 p. 61.

Minerve, le casque en tête, le bouclier sur le dos et
la lance à la main, arrive au haut du Parnasse pour y

5

visiter les muses. Deux des savantes sœurs, Melpomène et Uranie sont venues au devant de la déesse pour la recevoir, tandis que les sept autres l'attendent à quelques pas en arrière. Sur l'extrême sommet du mont, dans une petite enceinte de bois et de rochers, s'élève le temple des muses; sa forme est ronde, et tout autour régne un péristyle soutenu par des colones; on aperçoit au pied du mont la ville de Delphes, si riche par ses temples, le Plistus, la plaine et le golfe de Crissa.

Ce tableau vient du palais Colonna.

80 — Paysage pastoral. Toile, hauteur 26 pouces 6 lignes, largeur 36 pouces.

Un ruisseau limpide coule sur l'avant - scène, des arbres l'enrichissent, un pâtre y gardant ses troupeaux semble l'animer. Vers le second plan, à gauche une porte attenant à une tour, indique l'entrée d'un village censé voisin; à droite un fleuve serpente dans une plaine délicieuse, et se dérobe ensuite derrière un coteau: on voit sur une de ses rives un temple rond qui, par sa forme, rappèle celui de la sibylle Tiburtine; dans le lointain s'étend une chaîne de montagnes dont plusieurs réfléchissent une lumière vive, causée par les neiges qui blanchissent leur sommet.

Ce tableau et le suivant proviennent encore du palais Falconieri, tant de fois cité dans le cours de ce catalogue.

81 — Paysage pastoral, même hauteur et même largeur que le précédent.

Il représente une vaste étendue de pays, une riche

et délicieuse vallée qu'un fleuve arrose, fertilise et rafraîchit tout-à-la-fois. Sur le premier plan, des troupeaux errent çà et là sous les yeux des heureux pâtres qui sont chargés de les garder. Un peu plus loin, au delà du fleuve, de grands arbres dominent avec une sorte de majesté sur tout le point de vue, et le divise en deux parties: dans l'une on aperçoit des ruines et des fortifications situées sur le penchant d'une haute montagne; l'autre est enrichie d'un pont jeté sur le fleuve, d'un temple et de palais, par delà lesquels régne une plaine immense, limitée par des montagnes.

Ce tableau et les quatre précédens sont gravés dans le recueil d'estampes, intitulé: *liber veritatis*. Ils joignent tous à une harmonie parfaite, à une admirable dégradation de plans, cette noblesse de style, cette richesse, ce grand goût de composition, qui caractérisent particulièrement les ouvrages du célèbre Lorrain

HUE. (Monsieur)

82 — Marine. T. haut. 16 p. 6 l. larg. 23 p. 6 l.

Le soleil près de descendre au dessous de l'horizon, éclaire de ses derniers feux une vaste étendue de mer, en avant de laquelle est une plage où la vague vient s'amortir. A gauche dans l'éloignement, est une côte hérissée d'écueils; à droite sur une double pointe de rochers, s'élève une tour à crênaux couverte d'un toit et attenant à un aqueduc. Deux matelots, l'un en dedans d'une barque échouée sur le rivage, l'autre en dehors, causent ensemble en attendant le retour de la marée. Assez près d'eux, un homme tenant un filet, s'entretient avec une femme qui porte une corbeille sur sa tête; plus loin un second pêcheur, les pieds dans l'eau, soulève une pierre dans l'espoir d'y trouver quelque poisson : beaucoup d'autres personnages sont rassemblés au pied de la tour, et animent cette autre partie du tableau.

Un tableau du Lorrain n'effacerait point en harmonie, en lumière, celui que nous venons de décrire; il étonne par sa vérité, il fait même illusion.

VERNET. (Joseph)

83 — Vue des cascatelles de Tivoli. T. haut. 44 p. larg. 62 p. 61.

Des torrens tombant avec fracas du sommet de plusieurs montagnes et réunissant leurs eaux amorties dans une espèce de bassin, s'en échappent ensuite par une issue embarrassée de rochers qu'elles heurtent avec une nouvelle fureur, et viennent se précipiter dans un abyme, censé en avant du tableau. A main droite un pont et quelques fabriques couronnent la crête d'une des montagnes; et plus bas s'avance une roche où des curieux s'amusent à contempler les jeux variés des torrens et tout ce que ce beau lieu offre de grand et de pittoresque; à main gauche des bergers font paître leurs troupeaux sur le penchant d'une autre montagne, et plus bas est un pêcheur qui tend des hameçons dans les eaux du torrent.

Vernet, dans ce bel ouvrage, semble avoir voulu se rapprocher du Gaspre; il est d'une fraîcheur, d'une unité de ton, d'une exécution vraiment admirables.